위험이 닥쳐도 걱정할 것 없어요

ⓒ 2011 채인선·황보순희

글 채인선 | 그림 황보순희 | 감수 신남식
편집 이은영 | 디자인·손글씨 윤현이

펴낸곳 ㈜도서출판 한울림 | 펴낸이 곽미순
출판등록 2004년 4월 12일(제2021-000317호) | 주소 서울특별시 마포구 희우정로16길 21
대표전화 02-2635-1400 | 팩스 02-2635-1415
블로그 blog.naver.com/hanulimkids | 인스타그램 www.instagram.com/hanulimkids

첫판 1쇄 펴낸날 2011년 6월 15일   4쇄 펴낸날 2025년 6월 5일
ISBN 978-89-91871-77-9   77810

* 한울림어린이는 ㈜도서출판 한울림의 어린이 책 브랜드입니다.
* 잘못 만들어진 책은 바꾸어 드립니다.

어린이제품안전특별법에 의한 제품 표시   제조국 대한민국   사용연령 7세 이상

동물에게 배워요 ❷ 용기

위험이 닥쳐도 걱정할 것 없어요

채인선 글·황보순희 그림

한울림어린이

노루는 경계심이 많아요. 늘 코를 벌름거리며 주위를 살피고, 위험을 느끼면 껑충껑충 뛰어 달아납니다. 한 번에 6미터까지 뛸 수 있다니, 멀리뛰기 선수 같죠? 아기 노루도 엄마를 닮아 태어난 지 2~3일이면 사람보다 더 빨리 달릴 수 있답니다. 천적에게 달리 맞설 방법이 없는 초식 동물로서는 빨리 도망치는 것이 살 길이에요. 아기들도 그것을 알고 있는 거예요.

빨리 도망치는 게 살 길이에요

무당벌레는 누가 건드리면 머리를 등딱지 속에 감추고는 꼼짝 않고 있어요. 위급할 때는 밑으로 떨어지는데, 죽은 듯이 보이려고 몸을 발랑 뒤집어 내려앉습니다. 쓴 액을 내뿜기도 하고요. 콩알만 한 벌레라고 해서 살아날 방도가 전혀 없는 건 아니죠? 날아갈 때는 등딱지 속에서 날개를 꺼내 훌쩍 날아올라요.

죽은 척하며 꼼짝 않고 있어요

새들이 접근하면 **산누에나방**은 날개를 부채처럼 펼쳐 커다란 가짜 눈을 보여 줍니다. 새들이 움찔하며 놀라는 사이, 산누에나방은 재빨리 몸을 피해요. 상대가 너무 크면 이런 방법을 쓰는 것도 괜찮겠죠? 박각시나방과 공작나비, 호랑나비 애벌레와 뱀눈나비 애벌레에게도 가짜 눈이 있어요. 새들이 눈을 무서워한다는 것을 어떻게 알았을까요?

가짜 눈을 보여 줘요

몸이 두루뭉술하게 생긴 **복어**는 다른 물고기처럼 빨리 헤엄쳐 달아날 수 없어요. 그래서 딴 방법을 고안해 냈어요. 물이나 공기를 양껏 들이켜 몸을 풍선처럼 크게 부풀리는 거예요. 한 번에 자기 몸무게의 네 배까지 들이켤 수 있다니, 대단한 능력이죠? 게다가 복어는 몸속에 치명적인 독이 있어요. 누가 겁 없이 복어를 덥석 문다면 죽을 각오를 해야 합니다.

몸을 부풀려 크게 보이게 해요

작은 **도마뱀**들은 몸이 빨라요. 위험하다 싶으면 빨리 도망칩니다.
하지만 이미 큰 동물에게 꼬리를 잡혔다면 어떡하죠? 이때 도마뱀은
얼른 자기 꼬리를 끊어 냅니다. 잘린 꼬리가 살아 있는 듯 꿈틀대기 때문에
천적은 "이게 뭐지? 내가 잡은 게 이건가?" 하며 들여다보게 되지요.
그사이 도마뱀은 멀리 가 버립니다. 걱정 마세요! 꼬리는 또 자랄 거예요.

원하는 걸 주고 도망가요

독을 가진 동물은 대개 몸 빛깔이 화려합니다. 몸 빛깔이 화려하면
천적들은 독이 있나 하고 주춤하지요. 몸이 작은 동물 중에는
이렇게 독이 있는 것처럼 가장해서 천적을 따돌리는 동물이 있습니다.
노랑무늬도롱뇽과 **점박이도롱뇽**도 그래요.
오히려 "덤빌 테면 덤벼 봐." 하고 으름장을 놓는 듯하죠?

화려한 옷으로 경고해요

스컹크는 자기보다 더 큰 동물을 맞닥뜨리면 다리에 힘을 주고 털을 빳빳이 세워 경계의 뜻을 전합니다. 물구나무를 서서 상대를 위협하고, 몸을 크게 보이게 하려고 북실북실한 꼬리털을 등에 내려뜨리기도 해요. 그래도 상대가 물러서지

않으면 그때는 마지막 방법을 씁니다. 상대의 얼굴에다가 액체를
내뿜는 거예요. 이 액체는 냄새도 고약하고, 잠시 눈을 못 뜰 정도로 지독해서
누구도 그 자리에 그냥 있을 수는 없어요.

독한 냄새를 풍겨요

얼룩말은 여럿이 무리 지어 있으면 얼룩무늬가 어룽더룽 뒤섞여 한 마리씩 구분하기가 쉽지 않아요. 한참 보고 있으면 정신이 몽롱해질지도 모릅니다. 초식 동물인 얼룩말은 이렇게 천적의 눈을 어지럽게 해서 자신을 지켜요. 물론 이 방법은 무리 지어 있을 때만 효과가 있어요. 그래서 엄마 얼룩말은 아기가 무리를 벗어나지 않도록 늘 조심을 시킵니다.

눈을 어지럽게 해요

등에는 파리 무리에 속하지만 자신이 말벌을 닮았다는 것을 알아요.
천적에게 위협을 받으면 벌침이 없으면서도 있는 것처럼 꽁지를
꼿꼿이 세우고 말벌 흉내를 냅니다. 말벌이 침을 쏜다는 것을 아는 천적은
등에를 말벌로 알고는 슬그머니 가 버립니다.

강한 동물로 가장해요

원래 남의 눈에 잘 안 뜨이게 태어난 곤충도 있습니다. **자벌레와 사마귀, 방아깨비, 풀색노린재** 등이에요.
이런 곤충들이 나뭇가지나 풀 위에 앉아 있으면 못 보고 지나치기 쉬워요.
운이 좋은 경우죠? 여러분도 누가 쫓아오면 나무나 풀로 변신한 것처럼 그 자리에 우뚝 서 있어 보아요.

원래 눈에 잘 안 띄어요

바닷가 갯벌에 구멍을 파고 사는 **농게**는 매우 신중해요. 바깥이 궁금해 구멍에서 나올 때는 먼저 눈자루를 길게 빼고 주위를 살핍니다.
농게의 눈은 눈자루 끝에 달려 있는데, 자유자재로 움직일 수도 있고 몇 미터 밖의 움직임도 놓치지 않고 볼 수 있어요. 잠수함의 잠망경과도 같지요?
농게가 가장 싫어하는 것은 갈매기나 도요새, 사람들이에요.
이들과 마주치면 눈자루를 접고 구멍 속으로 황급히 사라집니다.
음식을 재빨리 먹어 치우는 것을 보고 '게 눈 감추듯'이란
말을 하는데 왜 그런지 알겠죠?

재빨리 몸을 숨겨요

가시털을 세워 경계해요

고슴도치는 다리가 짧아 빨리 움직일 수 없어요. 그래서 급하면
순식간에 몸을 공처럼 말고 가시털을 삐죽삐죽 세웁니다.
이럴 때 보면 영락없는 밤송이예요. 그렇게 꼼짝 않고 있다가
위험이 가셨다 싶으면 몸을 풀고 안전한 곳으로 피합니다.
고슴도치의 아기들은 가시 없이 태어납니다. 하지만 2~3일이 지나면
털이 빳빳해지면서 제법 가시를 세울 수 있어요. 아기 밤송이처럼 보이겠죠?

쏠종개 아기들은 태어나자마자 서로 꼭 붙어 다닙니다.
이렇게 같이 다니면 망을 보는 눈이 많아 위험을 얼른 알아챌 수
있습니다. 쏠종개는 배지느러미와 등지느러미에 독 가시가 있지만
아기 때는 발달이 덜 되어 있어 남의 먹이가 되기 쉬워요.
쏠종개처럼 자기 몸을 지킬 별다른 방법이 없는 동물들은
대부분 무리를 이룬답니다. 그래야 더 오래, 더 편안히
살 수 있다는 것을 알지요. 참새도 알고, 찌르레기도 알고,
개미는 몇 억 년 전부터 알아 왔고, 사람들은 요즘
새삼스레 다시 깨닫기 시작했죠.

무리 지어 다니면 무섭지 않아요

변장을 잘해 알아보지 못하게 해요

카멜레온만큼 변장에 뛰어난 동물은 없을 거예요. 주변의 나뭇잎이나 바위 등과 어울리도록 완벽하게 몸 빛깔을 바꿀 수 있습니다. 이를 보호색을 띤다고 해요. 이뿐이 아니에요. 줄무늬, 얼룩무늬 등 다양하게 만들어 낼 수 있어요. 이런 변장술은 먹이를 잡을 때도 무척 이로워요. 먹이가 가까이 올 때까지 모른 척하고 있다가 긴 혀를 쑥 내뻗어 낚아채면 그만이지요.

깜짝 놀라게 해요

오징어는 먹물을 내뿜어 천적을 깜짝 놀라게 합니다.
먹물을 내뿜으면 순간 주위가 캄캄해지는데, 이때를 틈타
오징어는 멀리 달아나요. 오징어는 특이하게 머리가 몸 한가운데에
있습니다. 머리 위에는 몸통과 지느러미가 붙어 있고 머리 아래에는
열 개의 다리가 빙 둘러 있지요. 이런 몸으로 오징어는
1억 년 전부터 지구의 바다에서 살아왔어요.

전기뱀장어는 몸에서 전기를 만들어 물속으로 흘려보냅니다.
전기로 동료와 신호를 주고받고 눈앞의 물체를 탐지하며, 작은 물고기를
기절시킵니다. 누가 공격을 하면 전기 총을 쏘아 놀라게 한 후 도망쳐요.
전기뱀장어처럼 전기 총을 쏘는 물고기는 약 500종이 있는데,
그중에서 전기뱀장어의 전기가 가장 강력합니다.

전기 총을 쏴요

미어캣은 행동이 날쌔고 활기찬 동물이에요. 땅속에 굴을 파고 가족 단위로 마을을 이루어 삽니다. 어둡고 좁은 굴에서 살다 보니 해가 비치는 낮에는 돌아다니고 싶겠죠? 특히 아기들은 뛰어다니며 놀고 싶어서 안달을 합니다. 그래서 미어캣은 돌아가며 보초를 섭니다. 보초를 서는 미어캣은 뒷다리로 서서 몸을 꼿꼿이 세우고는 큰 눈으로 이곳저곳을 주의 깊게 살펴요. 보초병이 위험한 것을 발견하고 경고음을 내면 주위에 있던 미어캣들은 삽시간에 굴로 몸을 숨긴답니다.

늘 주위를 살펴요

천산갑은 몸이 단단한 비늘로 덮여 있어서 꼭 갑옷을 입은 듯해요.
하지만 겁이 많아 위험을 느끼면 땅속에 굴을 파고 숨어 버립니다.
그럴 틈이 없으면 몸을 둥그렇게 말아 갑옷 속에 다리와 머리를 감추어요.
이러면 아무도 천산갑을 깨물거나 발톱을 들이댈 수 없답니다.

몸을 둥그렇게 말아요

오스트레일리아 대륙에 사는 **푸른혀도마뱀**은 엉뚱한 방법을 써요.
귀를 막고 싶을 정도로 듣기 싫은 소리를 내어 천적을 쫓아내거든요.
그뿐 아니에요. 천적의 코앞에 크고 넓적한 혀를 쑥 내밀어 날름거립니다.
별로 놀랍지 않다고요? 그 혀가 푸른색이라면요?
푸른색 혀가 입에서 불쑥 튀어나와 걸레처럼 펄럭인다면요?

고개를 돌리게 만들어요

기린은 목도 길지만 다리도 길어요. 발 차는 힘도 대단합니다. 한가로이 풀을 뜯고 있는데 누가 귀찮게 하면 기린은 뒷발로 뻥 차서 쫓아냅니다. 하지만 잠이 깊이 들었을 때 기습 공격을 받는다면 조금 위험할 수 있어요. 아기를 키울 때라면 더 조심해야겠죠?
그래서 기린은 서서 잠잘 때가 많습니다. 서서 잠을 잘 때도 눈을 완전히 감지 못한 채 자주자주 깨어 사방을 돌아봅니다.

잠잘 때도 조심해요

동물들은 살면서 순간순간 크고 작은 위험에 맞닥뜨립니다.
그러나 다행스럽게도 동물들은 자기 몸을 지킬 수 있는 방책을 하나쯤은
갖고 태어납니다. 왜냐하면 모든 생명체들은 살기 위해 태어나기 때문이지요.
하찮게 보이는 지렁이조차 남의 먹이가 되기 위해 태어나지는 않습니다.
자연이 꽤 공평하다는 것을 알겠죠? 그럼, 사람에게는 어떤 방책이 있을까요?
여러분이 한번 생각해 보아요.

누구나 자기 몸을 지킬 방책은 있어요

<동물에게 배워요> 읽는 법

동물에게 배우는 가치 그림책   둘째

'위험이 닥쳐도 걱정할 것 없어요'

1. '생존'이란 무엇일까, 생각하며 그림을 보고 제목을 읽어요.

생존이란 살아 있는 것, 살아남는 것이에요. 동물들은 매일 크고 작은 위험에 맞닥뜨려요. 그럴 때마다 두려움을 떨쳐 내고 자신만의 방법으로 스스로를 지키고 보호하지요. 두렵다고 아무것도 하지 않으면 동물들은 결코 살아남을 수 없답니다. 다행스럽게도 동물들은 자기 몸을 지킬 수 있는 방책을 하나씩 가지고 있어요.

2. '용기'의 의미를 생각하며 내용을 읽어요.

이 책에서 동물에게 배우는 가치는 '용기'입니다. '용기'란 마음속에 도사리고 있는 두려움을 이겨 내는 것, 두려움 때문에 해야 할 일을 포기하지 않는 것입니다. 용기는 누구에게나 있어요. 어려운 문제를 만났을 때, 낯선 곳에 갔을 때, 겁먹지 말고 하고 싶은 말과 행동을 해 보세요. 용기를 낼 때, 우리는 더 나은 모습으로 성장할 수 있습니다.

3. '가치 놀이'를 해요.

'나의 가치사전'을 써 보면서 가치에 대한 나의 생각을 어떻게 표현할 수 있는지 생각해 보아요. 또 동물에게 배운 가치를 생활 속에서 실천할 수 있도록 해 보아요.

4. '동물카드'로 독후 활동을 해요.

15장의 동물카드로 재미있는 독후 활동을 할 수 있어요. 동물카드 활용법을 잘 읽고 책 속의 동물을 동물카드에서 찾아보세요.

나의 가치사전

* '용기'란 뭘까요? 여러분이 생각하는 의미를 적어 보세요.

용기란, 겁내지 않는 것.

용기란,

용기란,

* 용기가 필요한 순간은 언제일까요? 그림으로 그려 보세요.

즐거운 가치 놀이

✽ 곁에서 용기를 주는 친구들에게 고맙다고 말해 주세요.

얼룩말, 미어캣, 노루, 쏠종개처럼 힘이 약한 동물들은 무리 지어 다니며 서로에게 힘이 되어 줘요. 친구와 함께라면 어려운 일도 용기를 내어 해낼 수 있지요. 옆에서 용기를 주는 친구들에게 고마운 마음을 전해 보세요.

내 친구   에게

책 속 동물카드

* 동물카드 활용하는 법

1. 책에 나온 동물을 동물카드에서 찾아보세요.
2. 카드 뒷면의 동물 정보를 읽고 어떤 동물인지 맞혀 보세요.
3. 부모님이나 친구들과 수수께끼 놀이를 해 보세요.
4. 동물에게 어떤 가치를 배울 수 있는지 이야기해 보세요.

노루
roe deer

무당벌레
ladybug

산누에나방
emperor moth

복어
puffer

도마뱀
lizard

스컹크
skunk

책 속 동물카드

책 속 동물카드

분류 곤충류 나비목 산누에나방과
생김새 몸 빛깔이 화려하고, 날개에는 천적인 새의 공격을 피하기 위한 눈알 무늬가 있어요.
사는 곳 깊은 숲속에 살아요.
먹이 애벌레 시기에 밤나무나 상수리나무, 참나무 잎을 먹어요.
생활 사람의 손으로 길러져 날지 못하는 누에나방과는 달리 자유롭게 날아다녀요. 먹이식물을 먹고 자란 애벌레는 8월에 고치를 만들기 위해 실을 지어요.

분류 곤충류 딱정벌레목 무당벌렛과
생김새 붉은 바탕에 검은 점이 있는 것도 있고, 검은 바탕에 붉은 점이 있는 것도 있어요. 점의 수도 두 개인 것부터 스무 개가 넘는 것까지 저마다 다르지요. 화려한 날개 무늬가 무당 옷차림 같다고 무당벌레라는 이름이 붙었대요.
사는 곳 밭이나 들판에 살아요.
먹이 진딧물을 잡아먹고 살기 때문에 농사에 도움이 되는 벌레예요.
생활 손으로 건드리면 다리를 움츠리고 죽은 시늉을 하거나 고약한 냄새가 나는 누런 즙을 내뿜지요. 이 냄새는 아주 지독해서 적이 가까이 다가오지 못하도록 해요.

분류 포유류 소목 사슴과
생김새 수컷만 뿔이 있어요. 뿔을 보면 나이를 알 수 있답니다. 한 살 된 노루는 가지가 한 개, 세 살 된 것은 두 개, 다섯 살이 넘으면 세 개지요.
사는 곳 산에 살아요. 해가 잘 드는 쪽보다는 그늘진 곳을 좋아해요.
먹이 풀잎이나 나무 열매나 뿌리를 먹고 살아요. 소처럼 되새김질을 해서 나무껍질이나 도토리처럼 딱딱한 먹이도 잘 먹는답니다.
생활 한번 짝을 맺으면 줄곧 같이 살아요. 부부 가운데 한 마리가 사냥꾼에게 잡히면 며칠 동안이고 그 자리를 맴돌면서 슬피 운다고 해요.

분류 포유류 식육목 스컹크과
생김새 검은색 바탕에 흰색 반점이나 줄무늬가 있으며 온몸이 촘촘한 털로 뒤덮여 있어요. 족제비와 비슷하지만, 몸이 땅딸막하고 꼬리는 길고 귀는 작아요.
사는 곳 북아메리카에 살아요. 초원, 사막, 풀숲, 마을 근처에서 살아요.
먹이 곤충, 작은 동물, 과일, 곡식, 새, 새알 등을 먹고 살아요.
생활 혼자서 생활하며 바위틈이나 나무 구멍, 땅굴, 동굴 등에 둥지를 틀어요. 암컷은 이른 봄에 보통 네 마리의 새끼를 낳아요. 위험에 처하면 고약한 냄새가 나는 황금색 액체를 적의 얼굴을 향하여 3~4미터까지 내뿜지요.

분류 파충류 뱀목 도마뱀과
생김새 갈색 바탕에 검은 점들이 있어요 배쪽은 회백색이에요. 온몸이 광택 있는 비늘로 덮여 있어요.
사는 곳 산림이나 하천, 해안가 등에 살아요.
먹이 곤충, 지렁이, 거미 따위를 잡아먹어요.
생활 낮에는 돌 틈에서 쉬다가 밤이 되면 먹이를 찾아다니지요. 움직일 때는 배를 땅에 대고 엎드린 다음, 네 다리로 몸을 끌고 다녀요. 위험에 처하면 스스로 꼬리를 끊고 도망을 쳐요. 여름이면 흙 속이나 돌 밑처럼 축축하고 온도가 잘 안 바뀌는 곳에 여덟아홉 개의 흰 알을 낳아요.

분류 어류 복어목 참복과
생김새 대체로 몸통이 짧고 불룩해요. 피부는 아주 매끄러운 것과 가시 모양 비늘을 가진 것이 있어요.
사는 곳 열대나 아열대 바다에 많이 살아요. 우리나라에는 남쪽 바다와 제주도 언저리에 많이 살지요.
먹이 새우, 게, 불가사리, 작은 물고기 들을 잡아먹고 살아요.
생활 보통 봄에 모랫바닥에 알을 낳아요. 알에서 깨어난 아기는 물을 떠다니는 작은 생물을 먹고 자라요. 어른이 되면 위험에 처했을 때 몸무게의 네 배에 이르는 물을 들이마셔서 배를 부풀릴 수 있어요.

책 속 동물카드

등에
breeze

자벌레
inchworm

방아깨비
long-headed grasshopper

농게
sand crab

고슴도치
hedgehog

카멜레온
chameleon

오징어
squid

미어캣
meerkat

기린
giraffe

책 속 동물카드

분류 곤충류 메뚜기목 메뚜깃과
생김새 몸길이는 54~89밀리미터이고, 암컷이 수컷보다 훨씬 커요. 녹색 또는 회갈색을 띠어요.
사는 곳 한국, 일본, 타이완, 중국 등지에 살아요. 키가 작은 벼와 식물이 있는 곳에서 자주 볼 수 있어요.
먹이 강한 턱으로 벼를 잘게 씹어서 먹어요.
생활 알 상태로 겨울을 지내고, 늦여름이 되면 부화해요. 늦여름부터 가을에 가장 흔하게 볼 수 있지요. 유충이나 번데기 시기를 거치지 않고 어른이 되는 불완전변태를 해요. 뒷다리를 잡고 있으면 마치 방아를 찧는 것처럼 아래위로 움직여서 방아깨비라는 이름이 붙었답니다.

분류 곤충류, 나비목 자나방의 유충
생김새 앞 부분 두세 쌍의 배다리가 퇴화되고 없어요.
사는 곳 나무껍질이나 잎사귀 등에 붙어 살아요.
먹이 주로 나뭇잎을 먹어요.
생활 이동할 때 자처럼 움직인다고 해서 자벌레라는 이름이 붙었어요. 주변 색에 따라 갈색 또는 초록색으로 몸색깔을 변화시킬 수 있어요. 50도 정도 기울기로 몸을 곧추세울 수 있는데, 몸을 세우고 있으면 마치 식물 줄기처럼 보이지요.

분류 곤충류 파리목 등엣과
생김새 몸길이는 10밀리미터 정도이고, 몸에 솜털이 나 있어요. 줄무늬가 있어서 언뜻 보면 말벌처럼 보여요.
사는 곳 산지 풀밭, 숲, 또는 야산의 배설물이 있는 곳에 살아요.
먹이 애벌레들은 진딧물을 잡아먹고, 어른이 되면 꽃이나 꽃가루를 먹어요.
생활 습한 땅이나 물 위에 한 번에 100여 개의 알을 낳아요. 알은 4~14일이 지나면 부화하고, 어른이 되기까지는 1~2년이 걸려요. 왕소등에, 북방등에 등의 종류는 짝짓기를 하고 나면 알을 낳기 전까지 암컷이 동물의 피를 빨아먹어요.

분류 파충류 뱀목 카멜레온과
생김새 몸길이는 보통 20~30센티미터예요. 네 다리와 나무에 매달릴 수 있는 강한 꼬리가 있어요. 양쪽 눈은 따로따로 움직이는데, 각각 180도로 돌아가요. 혀는 머리와 몸통을 합친 것보다 더 길어요.
사는 곳 숲 또는 산의 나무 위에 살아요. 사막에 사는 종류도 있어요.
먹이 애벌레, 거미, 나방, 도마뱀, 꽃, 과일 등을 먹어요.
생활 주로 낮에 활동해요. 주변 색과 온도, 감정 등에 따라 몸 색깔을 바꿀 수 있어요. 위험을 느끼면 몸 색깔을 어둡게 바꾸고 죽은 척하며 움직이지 않는답니다. 땅에 구멍을 파고 20~50개의 알을 낳아요.

분류 포유류 고슴도치목 고슴도칫과
생김새 네 발이 짧고 몸은 통통해요. 등과 옆구리 털이 가시 같은 형태를 띠어요.
사는 곳 산이나 논밭 등에 살아요.
먹이 지렁이, 딱정벌레 등을 잡아먹어요. 오이 같은 식물을 먹기도 해요.
생활 주로 밤에 활동해요. 혼자 살지만 아기를 낳으면 암컷이 아기들을 돌보며 살아요. 한배에 둘에서 네 마리의 아기를 낳아요. 위험에 처하면 네 다리를 모아 몸을 공처럼 둥글게 해요. 등에 난 가시털로 몸을 보호하는 거예요.

분류 절지동물 십각목 달랑겟과
생김새 집게발가락이 길고 숟가락 모양이어서 갯벌에서 먹이를 긁어먹기에 좋아요. 수컷은 한쪽 집게다리가 다른 쪽보다 크고 붉은색을 띠어요. 수컷의 몸길이는 20밀리미터, 몸너비는 32밀리미터예요.
사는 곳 우리나라와 일본, 중국, 오스트레일리아 북동부에 살아요.
먹이 죽은 물고기나 조개의 살을 먹어요.
생활 갯벌에 구멍을 파고 살아요. 바닷물이 빠지면 구멍 밖으로 나와 먹이를 찾지요. 4~5월에 짝짓기를 하는데 이때는 암컷과 수컷 모두 몸색깔이 짙어진답니다. 겨울에는 밖으로 나오지 않고 굴속에서 겨울을 나요.

분류 포유류 소목 기린과
생김새 포유류 중에서 가장 키가 커요. 털 색깔은 밤색을 띤 갈색인데 나이가 들수록 색이 짙어져요.
사는 곳 사하라 사막 남쪽의 아프리카에서 살아요.
먹이 아카시아 잎, 작은 가지, 꽃, 열매, 풀 등을 먹어요.
생활 수컷 한 마리와 두세 마리의 암컷, 새끼들이 무리를 이루어 살아요. 주로 이른 아침과 저녁 때 활동하지요. 시속 50킬로미터 속도로 달릴 수 있고, 한동안 물을 마시지 않고도 견딜 수 있답니다. 3~4월에 한 마리의 아기를 낳는데, 임신 기간은 420~468일이나 된대요.

분류 포유류 식육목 몽구스과
생김새 털은 은빛이 도는 갈색이고, 등에 검은 줄무늬가 있어요. 얼굴은 희지만 귀와 눈자위, 꼬리 끝은 검은색이지요. 몸과 꼬리가 가늘고 길어요. 네 개의 발가락에는 구부러진 강한 발톱이 있어서 굴을 파기에 좋아요.
사는 곳 앙골라 남서부에서 남아프리카의 돌이 많고 땅이 단단한 곳에서 살아요.
먹이 거미, 딱정벌레, 메뚜기 같은 곤충을 잡아먹어요.
생활 서른 마리 정도가 무리를 지어 굴속에서 생활해요. 낮에는 굴 밖으로 나와 두 발로 서서 햇볕을 쬐어요. 9~10월에 짝짓기를 하고 11~12월에 아기를 낳아요. 한배에 둘에서 다섯 마리의 아기를 낳는답니다.

분류 연체동물 십완목
생김새 머리, 몸통, 다리 세 부분으로 이루어지며, 다리와 몸통 사이에 머리가 있어요. 열 개의 다리 중 두 개가 더 길어요.
사는 곳 육지 근처 바다부터 깊은 바다까지 다양한 곳에서 살아요.
먹이 작은 물고기, 새우 등을 잡아먹어요.
생활 물을 세게 내뿜어 그 반동으로 뒤쪽으로 헤엄쳐요. 두 개의 긴 다리는 주머니에 넣고 있다가 먹이를 잡을 때만 뻗치죠. 위험이 닥치면 먹물을 내뿜어 적의 눈을 피한답니다. 4~6월에 짝짓기를 하는데, 이때 몸에서 반짝이는 빛을 내요. 오징어는 1년을 사는데 수컷은 짝짓기를 하고 나서, 암컷은 알을 낳고 나서 바로 죽는다고 해요.

<동물에게 배워요> 구성

'동물에게 배우는 가치 그림책'

 시리즈

권	제목	주제	가치
1	어른이 되는 건 쉬운 일이 아니에요	어른 되기	인내
	– 동물들이 어른이 되기 위해 겪는 힘든 성장 과정을 보며 인내와 끈기를 배울 수 있어요.		
2	위험이 닥쳐도 걱정할 것 없어요	생존	용기
	– 누구나 어려움을 이겨 내는 나름대로의 방법이 있다는 걸 깨닫고 어려운 상황에서 용기를 낼 수 있어요.		
3	내가 이렇게 생긴 건 이유가 있어요	생김새	다양성
	– 모든 동물은 서로 생김새가 다르기 때문에 제각각 존중 받아야 한다는 사실을 깨달을 수 있어요.		
4	엄마 아빠는 우리를 사랑해요	돌보기	믿음
	– 조건 없는 부모의 무한한 사랑과 믿음을 느끼며 자존감을 키울 수 있어요.		
5	서로 도우며 살아요	공생, 협동	배려
	– 동물들이 공생하고 협동하며 살아가는 모습을 통해 서로 배려하며 살아야 하는 이유를 알 수 있어요.		
6	엄마 아빠의 사랑으로 태어났어요	짝짓기	사랑
	– 사랑하는 상대를 위해 노력하는 동물들의 짝짓기를 통해 생명의 소중함과 사랑의 의미를 알 수 있어요.		
7	누구에게나 집은 필요해요	보금자리	행복
	– 안전하고 포근한 가족의 보금자리 안에 진정한 행복이 있다는 것을 느낄 수 있어요.		
8	신나게 노는 것도 중요해요	놀기	즐거움
	– 아기 동물들이 신나게 노는 모습을 통해 놀이가 주는 즐거움의 의미를 깨달을 수 있어요.		
9	우리 나름대로 얘기하는 방식이 있어요	의사소통	마음 나누기
	– 동물들의 다양한 의사소통을 보면서 누구나 서로 공감하고 마음을 나누기 위해 노력한다는 걸 알 수 있어요.		
10	때가 되면 자연으로 돌아가요	죽음과 생명	순응
	– 지구상의 모든 생명체가 죽음과 탄생의 순환 속에 있음을 깨닫고 자연에 순응해야 함을 느낄 수 있어요.		

글 채인선

남한강이 흐르는 충주의 한적한 시골에 정착해 사과나무를 키우며 살고 있습니다.
그 동안 그림책, 동화책을 포함해 60여 권의 책을 썼으며 교과서에 실린 작품으로는 《내 짝꿍 최영대》,
《손 큰 할머니의 만두 만들기》, 《아름다운 가치 사전》, 《가족의 가족을 뭐라고 부르지?》, 《나는 나의 주인》,
《원숭이 오누이》가 있습니다. 자택에 한국그림책 다락방 도서관을 열어 일요일마다 개방하고,
도서관에 오는 아이들이 맘껏 뛰어놀 수 있도록 '채인선의 이야기 정원'에 정원 놀이터를 조성하고 있습니다.
채인선의 이야기 정원 blog.naver.com/arrige_8649

그림 황보순희

북한산자락길에 있는 작은 집에서 남편과 두 딸, 고양이 세 마리와 함께 지내며, 바느질을 하고 그림책을 만듭니다.
그린 책으로 《받은 편지함》, 《안녕히 계세요》, 《빼앗긴 일기》, 《나의 첫 국어사전》, 《할머니는 과연 무얼 뜨고 계실까?》,
《신나게 노는 것도 중요해요》, 《더 놀고 싶은데》, 《우리는 어린이 시민》 등이 있습니다.

감수 신남식

서울대공원과 삼성에버랜드 동물원장을 지냈습니다. 현재 한국 야생동물의학회 회장, 문화재청 문화재 위원이며
서울대학교 수의과대학 교수로 학생들에게 야생동물의학과 동물행동학을 가르치고 있습니다.